Ich mach was

mit Papier, Blättern, Knete
und vielem mehr

Sabine Lohf

Ich mach was

mit Papier, Blättern, Knete
und vielem mehr

Otto Maier Ravensburg

Papier

- 6 Reißen und knüllen
- 8 Weben
- 10 Papiergeld
- 12 Aluschwäne
- 14 Lauftiere
- 16 Windräder
- 18 Hexentreppenhund
- 20 Masken

Knöpfe

- 22 Knöpfe aufkleben
- 24 Knopfketten auffädeln
- 26 Schweinefamilie
- 28 Knopfbilder
- 30 Knopfblumen
- 32 Knöpfe schnippen oder Flohspiel
- 34 Knopfmarionette
- 36 Knopffahrzeuge

Blätter

- 38 Gesichter aufkleben
- 40 Hinter Folie kleben
- 42 Grasindianer
- 44 Blütenkranz
- 46 Laubbild
- 48 Mit Blättern drucken
- 50 Laubpüppchen (Wickelpuppen)

Schachteln

- 52 Käseschachtelrennen
- 54 Fingerpuppen
- 56 Hokuspokus-Schachteln
- 58 Schachtelschloß zum Verschenken
- 60 Schiffe
- 62 Kaspertheater
- 64 Feuerwehr und Straßenwalze
- 66 Und noch mehr aus Schachteln

Steine

- 68 Sammeln und sortieren
- 70 Verändern
- 72 Bemalen
- 74 Käferrennen
- 76 Aquarium
- 78 Fische füttern
- 80 Mosaikschachtel
- 82 Steinenten

Kork

- 84 Ein ganzer Zoo
- 86 Mäusespiel
- 88 Schwimmente
- 90 Fallschirmspringer
- 92 Pferde und Indianer
- 94 Zwergen-Hüpfspiel
- 96 Stempeln
- 98 Eisenbahn

Inhaltsverzeichnis

Perlen

100 Perlen selber machen
102 Fangbecher
104 Glitzerfisch
106 Löwenrassel
108 Geduldspiel
110 Schlüsselanhänger
112 Gespenst

Stoff

130 Maske ausschneiden
132 Einen Geist zusammenknoten
134 Wurfball
136 Filzmaus
138 Ein Stoffbild kleben
140 Stoffpuppen
142 Fingerpuppen aus Filz
144 Mit Stoffstreifen weben

Knete

114 Buchstaben legen
116 Ausrollen und ausstechen
118 Etwas hineinstecken
120 Etwas draufkleben
122 Bilder legen
124 Mit Knete Dinge verändern
126 Obst und Gemüse formen
128 Und viele, viele Tiere machen

Holz

146 Reste zusammenkleben
148 Tiere bauen
150 Holzboote
152 Würfelspiel
154 Stempel
156 Scherentiere
158 Instrumente

Inhaltsverzeichnis

6   Reißen und knüllen

Papier 7

8   Weben

Papier 9

Münzen unter ein dünnes Papier legen
mit dem Bleistift durchrubbeln und dann
ausschneiden.

10   Papiergeld

So kannst du eine Geldbörse falten!

Papier 11

12 Aluschwäne

14 Lauftiere

16   Windräder

Papier 17

Papierstreifen so übereinanderlegen und hin und her falten.

18 **Hexentreppenhund**

Papier 19

20　　Masken

Sylvesterschlangenhaare

Papier 21

22   Knöpfe aufkleben

Knöpfe 23

24 Knopfketten auffädeln

Oder die schönsten Knöpfe aus der Knopfsammlung auf ein Lederband ziehen.

„Ich mache noch ein Armband und einen Fingerring!"

Knöpfe 25

26 Schweinefamilie

Knöpfe 27

28 Knopfbilder

Die Blätter sind aufgeklebt, die „Äpfel" angenäht.

Knöpfe 29

30 Knopfblumen

Knöpfe 31

32 Knöpfe schnippen oder Flohspiel

Knöpfe 33

34   Knopfmarionette

Knöpfe 35

36 Knopffahrzeuge

1 Stück Klorolle + 4 Knöpfe = 1 Rennauto

Knöpfe 37

38 Gesichter aufkleben

Blätter 39

40   Hinter Folie kleben

Blätter 41

42 Grasindianer

Blätter 43

44   Blütenkranz

Blätter 45

46 Laubbild

48 Mit Blättern drucken

Am besten kannst du mit frischen Blättern drucken. Du streichst eine Blattseite dick mit Farbe ein und preßt sie dann auf ein Blatt Papier

Blätter 49

Laubpüppchen werden aus frisch gepflückten Blättern gewickelt und dann getrocknet.

Wickelkind

Ich bringe dich zu deiner Familie!

50   Laubpüppchen (Wickelpuppen)

Blätter 51

52 Käseschachtelrennen

Schachteln 53

54 Fingerpuppen

Schachteln 55

56 **Hokuspokus-Schachteln**

Schnee am Palmenstrand

Fadenfresser-Krokodil!
In dieser Schachtel ist ein ganz
langer Faden versteckt. Wenn
du dran ziehst, dann ......

Schachteln

58 Schachtelschloß zum Verschenken

60　　Schiffe

Schachteln 61

62 Kaspertheater

64 Feuerwehr und Straßenwalze

Schachteln 65

66 Und noch mehr aus Schachteln

Schachteln 67

68 Sammeln und sortieren

Steine kannst du gut in Aufbewahrungskästen für Nägel sammeln.

Steine 69

70 Verändern

Steine 71

Dieses ist ein Goldschatz! Du kannst die Goldsteine im Sand verstecken und deine Freunde danach suchen lassen!

72 Bemalen

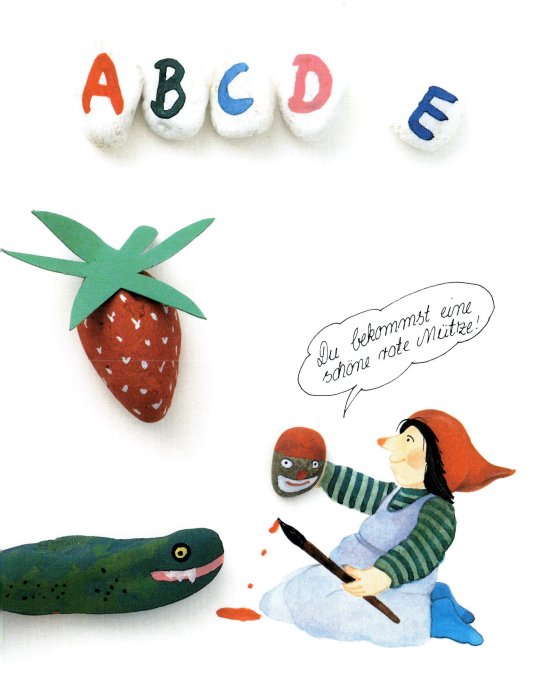

Auf einem glatten Karton, der schräg aufgestellt wird, können die Steinkäfer ein Wettrennen veranstalten. Wer am weitesten die Rennbahn herunterrutscht, hat gewonnen.

74 Käferrennen

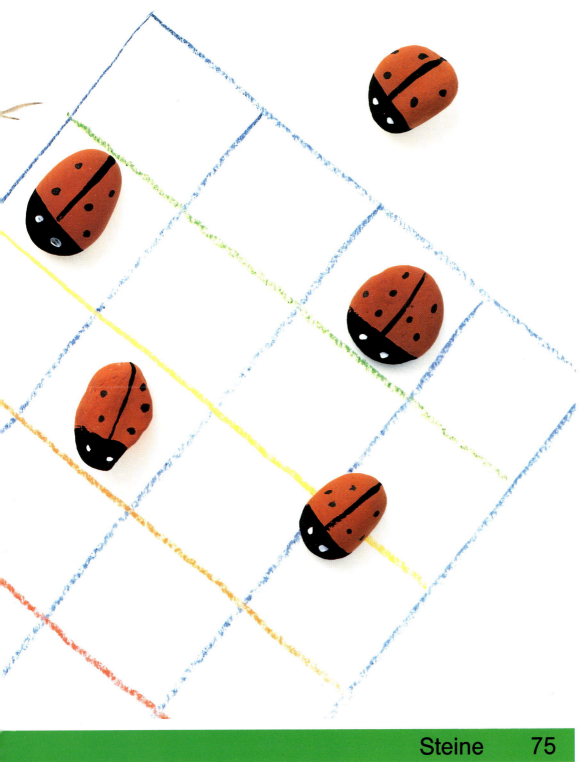

Steine

76 Aquarium

Steine 77

Spielregel:

Zuerst werden die Fische aus buntem Papier ausgeschnitten oder mit Kreide direkt auf das Pflaster gemalt.
Jeder wirft abwechselnd einen Stein und versucht dabei, seinen Fisch zu treffen.

Fische füttern

Alle Steine, die auf dem Fisch gelandet sind, werden gezählt. Dabei werden auch die Steine mitgezählt, die versehentlich von anderen Mitspielern in den Fisch geworfen wurden. Wer hat die meisten Punkte?

Steine

80 Mosaikschachtel

82 Steinenten

84   Ein ganzer Zoo

Kork 85

86 Mäusespiel

Kork 87

Aus Papier wird eine Ente ausgeschnitten und in eine Korkenhälfte gesteckt.

Ob noch ein Platz in dem Teich frei ist?

88   Schwimmente

Kork 89

90 Fallschirmspringer

← Der Fallschirm wird so aufgerollt, bevor er hoch in die Luft geworfen wird.

Dann kann sich der Fallschirm so entfalten und die Männchen können sicher landen.

92 Pferde und Indianer

Kork 93

Die Zwerge werden auf den Griff einer Gabel gelegt.

Hier auf die Gabel drücken.

Daneben!

Wer die meisten Zwerge in den bemalten Eierkarton schleudert, hat gewonnen.

94   Zwergen-Hüpfspiel

Kork 95

96 Stempeln

Die Korken kann man in ein Stempelkissen oder in richtige Farbe drücken und dann viele Stempelbilder damit machen.

Gleich bekommst du noch eine Freundin!

Kork

98　Eisenbahn

Kork

100 Perlen selber machen

Diese Perlen sind gekauft.

Perlen 101

102 Fangbecher

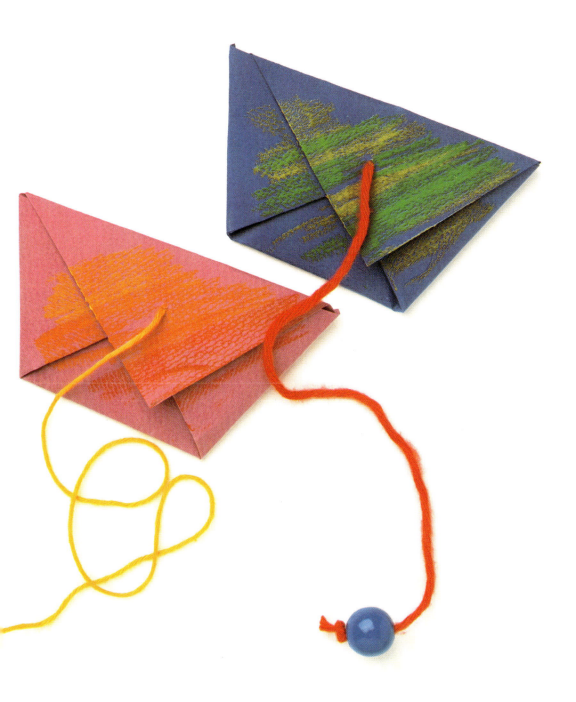

Perlen 103

104 Glitzerfisch

Eine besondere Muschel zum Verschenken.

Die Perlen werden mit Stecknadeln in Styropor gesteckt.

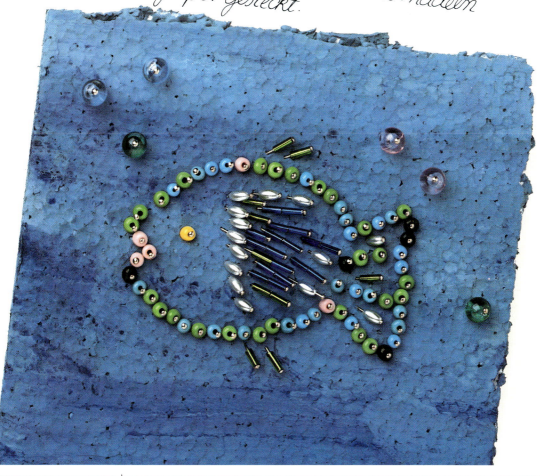

Perlen 105

106 Löwenrassel

Wenn du den Löwenkopf ganz schnell hin und her drehst, dann machen die Perlen schöne Klickergeräusche.

Perlen

108 Geduldspiel

110   Schlüsselanhänger

Perlen 111

Perlen 113

114　　Buchstaben legen

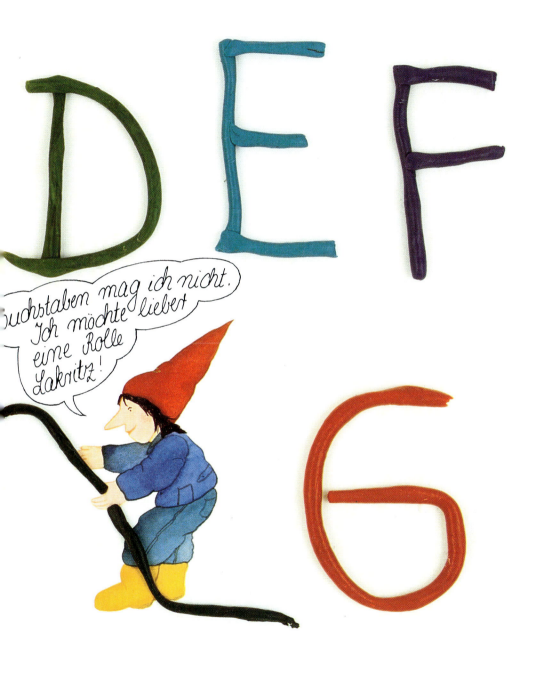

Knete 115

116 Ausrollen und ausstechen

Knete 117

118 Etwas hineinstecken

120 Etwas draufkleben

122   Bilder legen

Knete 123

124 Mit Knete Dinge verändern

126 Obst und Gemüse formen

Knete 127

128 Und viele, viele Tiere machen

130 Maske ausschneiden

Stoff 131

132 Einen Geist zusammenknoten

134 Wurfball

Stoff 137

138 Ein Stoffbild kleben

140 Stoffpuppen

Stoff 141

Fingerpuppen aus Filz

Der Froschkönig paßt über die ganze Hand.

Mund, Augen und Krone aufkleben.

Stoff 143

Der Stoff wird in Streifen gerissen, zusammengeknotet und aufgewickelt.

Das Knäuel ist ja viel zu dick zum Weben!

Mit Stoffstreifen weben

In einem Kartondeckel werden Bindfäden gespannt. Das ist dann der Webrahmen.

Stoff 145

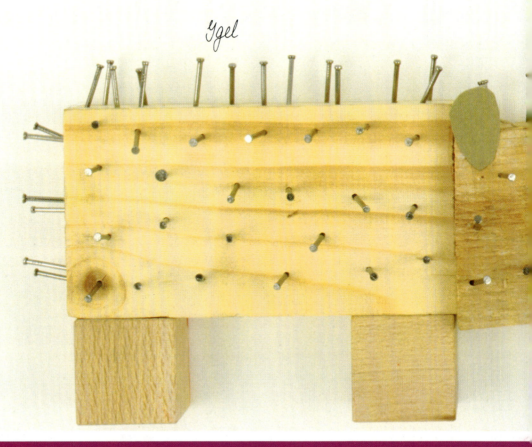

Igel

148　Tiere bauen

Tausendfüßler

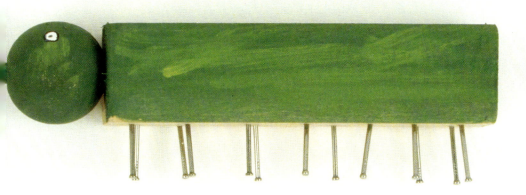

Holz 149

150 Holzboote

Holz kann gut schwimmen!

Gute Fahrt!

Holz 151

Holzklötzchen werden wie Würfel bemalt!

Runde Holzreste werden die Spielfiguren!

Es wird gewürfelt und gesetzt. Wer gewinnt, der Blaue, der Grüne oder der Violette?

152 Würfelspiel

Holz 153

Auf Holzklötzchen werden Gummis geklebt.

154   Stempel

Holz 155

156 Scherentiere

Holz 157

Holz 159

Die Deutsche Bibliothek – CIP-Einheitsaufnahme

Lohf, Sabine:
Ich mach was mit Papier, Blättern, Knete und vielem mehr /
Sabine Lohf. – Ravensburg: Maier, 1993
ISBN 3-473-37194-7
NE: HST

4 3 2 1   95 94 93

Sabine Lohf hat die Beiträge in diesem Buch ausgedacht,
beschrieben, gezeichnet und fotografiert.
© 1993 by Ravensburger Buchverlag Otto Maier GmbH
Umschlaggestaltung: Ekkehard Drechsel
Umschlagfoto: Ernst Fesseler
Redaktion: Ulla Henn
Druck und Bindung:
Mladinska Knjiga Tiskarna, Slowenien
ISBN 3-473-37194-7